AF466920

# Traité
# sur l'art de saisir par la vue les mots parlés,
## comme moyen
## de suppléer, autant que possible, à l'ouïe des personnes sourdes ou dures d'oreille.

*A l'usage des parents, des médecins, des instituteurs et des personnes même dont l'ouïe est défectueuse.*





PAR

**EDOUARD SCHMALZ,**

Docteur en philosophie, en médecine et en chirurgie, conseiller médical, médecin à Dresde, spécialement voué au traitement des maladies de l'ouïe et de la parole, etc. etc.

Chevalier de l'ordre de St. Stanislas de Russie, secrétaire actuel de la société d'histoire naturelle et de médecine à Dresde, membre de plusieurs autres sociétés.

**Seconde édition augmentée et corrigée.**

LEIPSIC, I. C. HINRICHS. — 1844. — PARIS, BROCKHAUS et AVENARIUS.

BRUXELLES, CHARLES MUCQUARDT. — ST. PÉTERSBOURG, H. SCHMITZDORFF.

# Avant-Propos.

La possibilité de comprendre les paroles par l'inspection des lèvres, n'a été jusq'ici que peu ou point mise à profit pour ceux qui ont l'ouïe défectueuse, tandis qu'il est très important pour eux d'apprendre à saisir par la vue les paroles de ceux qui leur parlent, parce que dans les cas, malheureusement très fréquents, de surdité incurable, ce n'est que par la vue qu'ils peuvent être dédommagés du sens perdu et acquérir la faculté de converser. Pour concevoir jusqu'à quel point il est possible de porter cet art, il suffit d'observer les sourds-muets instruits, dont plusieurs ont acquis une telle habileté à s'entretenir oralement avec les autres, que ceux qui ne connaissent pas leur infirmité, sont portés à en douter.

Apprendre à saisir par la vue les mots parlés, est au reste infiniment plus facile à un individu dur d'oreille, ou sourd, qu'à un sourd-muet, parce que le premier n'a pas besoin de saisir par la vue tout ce qu'on dit, mais seulement ce qu'il n'a pu entendre, et surtout parce que le sourd-muet, proprement dit, n'a pour la plupart aucune idée du langage des mots, tandis que celui qui est dur d'oreille et même celui qui est devenu sourd plus tard, a ordinairement déjà appris ce langage à un certain degré.

Voilà pourquoi j'ai dirigé mon attention, depuis assez long-temps, sur les besoins des personnes dont l'ouïe est défectueuse. Dans tous les cas qui s'y prêtaient, j'ai engagé les parents de tels enfants à les faire instruire dans l'art de comprendre les mots parlés en regardant la bouche, et à eux mêmes j'ai conseillé de s'appliquer au talent en question. Après avoir fait, à cet égard, des expériences nombreuses, je me crois autorisé à recommander cet art à tous les parents, médecins et instituteurs des individus durs d'oreille ou sourds, ainsi qu'à eux-mêmes, et j'y ajoute une instruction précise et claire, tant pour enseigner cet art que pour l'apprendre.

Afin de l'enseigner, il n'est pas besoin de connaissances particulières, et la méthode en est si facile que toute personne un peu cultivée, quelle qu'elle soit, peut servir d'instituteur, pourvu qu'elle ait une prononciation distincte. Il faut seulement qu'elle engage l'élève à diriger son attention sur le visage de son maître, et qu'elle parle devant lui, lentement, distinctement, à peu de distance, et d'abord aussi à haute voix. Elle doit commencer par prononcer les sons isolés d'une manière soutenue, en passant plus tard aux sons brefs, à des mots et à des phrases courtes. *V.* la III. section, et surtout §. 39 — 46.

Malgré tous les efforts que j'ai faits, pour éclaircir cette matière et pour l'épuiser, autant que possible, je suis pourtant loin de croire que j'y aie réussi complètement, vu que ce sujet, n'ayant point encore été traité, du moins en ce qui concerne les personnes dures d'oreille, présente diverses difficultés et laisse encore espérer plusieurs perfectionnements.

Mon traité, dont la première édition a paru en allemand, sous le titre: *Ueber das Absehen des Gesprochenen, als Mittel bei Schwerhörigen und Tauben das Gehör möglichst zu ersetzen. Für Aeltern, Aerzte und Lehrer derselben, so wie für die am Gehöre Leidenden selbst. Dresden*, 1841., se divise en deux parties principales. La première (§. 1. — 48.) contient le plus important, savoir, *l'introduction; ce qu'on peut dire en général* sur l'art de saisir par la vue les mots parlés; et *l'aperçu succinct* sur la manière de l'enseigner et de l'apprendre. La seconde partie (de §. 49. jusqu'à la fin) comprend *l'instruction détaillée et systématique; les mots pour s'exercer* dans cet art; et *quelques mots qu'on ne peut distinguer* l'un de l'autre, par la seule vue, *qu'avec plus ou moins de difficulté.* Quand même on n'approuverait pas toutes les idées que j'ai présentées dans cette dernière partie, néanmoins tout ce qui a été dit dans la première, conserve sa valeur parce qu'il a été confirmé par mon expérience.

La seconde partie, au reste, outre son utilité principale pour les individus durs d'oreille et sourds, laquelle consiste à leur apprendre à saisir par l'inspection des lèvres les paroles de ceux qui parlent, et ainsi à les rendre capables de prendre part à la conversation, peut aussi très bien avoir l'avantage accessoire pour ceux qui parlent défectueusement, de les exercer dans chacun des sons et dans chacune de leurs combinaisons, ainsi que pour les enfants sourds-muets de leur enseigner la parole, et en même temps l'art dont il s'agit ici.

Finalement, je dois ajouter que pour éviter la confusion des lettres que l'on prononce de deux ou plusieurs manières différentes en français, tantôt avec leur son propre, tantôt avec un son accidentel *), j'ai marqué par des caractères particuliers (gothiques) ces lettres lorsqu'elles se prononcent avec un son accidentel, pour les distinguer de celles qui conservent leurs sons propres. Les voici avec leurs caractères distinctifs:

---

*) *V.* Ch. S. *Girault-Duvivier*, Grammaire des Grammaires, ou analyse des meilleurs traités de la langue française.

**c** — signifie que cette consonne doit être prononcée comme **qu** (k). — cacao, crédit.

**c** — signifie que cette consonne doit être prononcée comme **ss**. — cécité.

**ch** — dénotent que ces consonnes ont leur son propre. — chuchoter.

**ch** — dénotent que ces consonnes ont le son de **qu** (k). — chrétien.

**g** — signifie qu'il faut le prononcer comme dans gargouille, gland.

**g** — signifie qu'il faut le prononcer comme **j**. — gélée.

**gn** — annoncent que ces consonnes doivent être non mouillées. — gnaphale, agnat.

**gn** — annoncent que ces consonnes doivent être mouillées. — peigne.

**h** — déclare qu'il est muet. — homme.

**h** — „ „ aspiré. — hasard.

**i** — signifie le **i** ordinaire. — ibis.

**i** — „ „ **i** articulé. *V.* §. 64. 2. — fusion, notion.

**ll, il** — déclarent que ces consonnes doivent être non mouillées. — illuminé, île.

**ll, il** — déclarent que ces consonnes doivent être mouillées. — maille, bétail.

**m, n** — présentent la consonne nasale labiale ou dentale. *V.* §. 61. 1. et 2. — moment, nonagone.

**m, n** — présente la consonne nasale palatale. *V.* §. 61. 3. — ombilic, enfant.

**ou** — annoncent que ces voyelles conservent leur son propre. — ours.

**ou** — annoncent que ces lettres sont articulées, c-à-d., qu'il faut les prononcer comme s'il y avait un **v** faible. *V.* §. 62. 1. — ouate.

**qu** — signifient qu'il faut les prononcer avec leur son propre, comme **k**. — queue.

**qu** — signifient qu'il faut les prononcer comme **cv**. — aquatique.

**t** — annonce qu'on doit le prononcer avec son son propre. — titre.

**t** — annonce qu'on doit le prononcer comme **s**. — potion, nation.

**y** — présente un **i** ordinaire simple. — Syrie.

**y** — présente deux **i**, dont le second est articulé et mouillé. *V.* p. 64. 2. — nettoyer.

**x** — signifie qu'il faut le prononcer comme **cs**, **gs** ou **gz** — exercer, Xerxès.

**x** — signifie qu'il faut le prononcer comme **ss** ou **z** — Bruxelles, dixième.

Dresde, au mois d'Octobre 1843.

*L'auteur.*

## I. Introduction.

1. *Fréquence de la dureté d'oreille et ses causes.*

§. 1. Il n'arrive, hélas, que trop souvent, que les enfants naissent plus ou moins durs d'oreille, et que de jeunes gens perdent l'ouïe, totalement ou en partie, à un âge plus ou moins avancé. Les causes en sont très différentes. Ce sont tantôt des dispositions héréditaires, tantôt diverses maladies, savoir: des éruptions (telles que la scarlatine, la rougeole, les dartres etc.,) les scrophules, le rhachitisme, et autres maladies humorales, le rhumatisme etc. Ces maladies produisent presque toujours une inflammation de l'oreille extérieure ou intérieure, ou l'une et l'autre à la fois, et cette inflammation prend un cours tantôt rapide (aigu), tantôt lent (chronique), et est souvent accompagnée de l'écoulement d'une matière purulente ou muqueuse, qui se coagule en pellicules, d'où résulte assez fréquemment la perforation du tympan et la destruction de cette membrane, ainsi que celle des osselets auditifs et des parties du labyrinthe.

2. *La guérison de la dureté d'oreille n'est pas toujours possible.*

§. 2. Quoique les ressources de l'art, employées à temps, puissent être d'une grande utilité, même en de pareils maux, et qu'on doive par conséquent recommander fortement à toutes les personnes intéressées au bien-être de ceux qui souffrent de quelque défaut de l'ouïe, de consulter aussitôt un médecin versé dans le traitement de ces maladies: la guérison n'est cependant pas toujours possible, surtout lorsque des destructions organiques ont eu lieu; ou du moins la cure de la surdité ne peut s'opérer au point que ceux qui en souffrent, parviennent à comprendre suffisamment ce qu'on leur dit.*)

### 3. *Suites fâcheuses de ce défaut.*

§. 3. Si la dureté d'oreille est un peu forte, les personnes qui en souffrent, entendent, à la vérité, qu'on parle, mais sans pouvoir comprendre les mots. Ils entendent, peut-être, les voyelles, quelque fois même les consonnes qui ont un certain ton ou timbre, telles que **l**, **m**, **n**, **ñ**, **r**, ou qui retentissent plus fortement ou aigrement, telles que **s**, **ch**, mais les consonnes plus faibles, telles que **h**, **b**, **d**, leur échappent. C'est pourquoi ils peuvent, pour la plupart, saisir par l'ouïe des mots isolés, dans lesquels les voyelles prédominent, ainsi que ceux que l'on prononce lentement et près de leur oreille; mais dès que le discours passe au ton de conversation, ils ne le comprennent plus clairement. La distinction de chacune des consonnes qui constituent le langage intelligible par l'ouïe, surtout lorsque la per-

---

*) Sur la difficulté de guérir les maladies de l'ouïe, voyez mon ouvrage: *Traité de la conservation de l'ouïe*, etc. Paris, Londres, Dresde et Leipzic, 1839, page 17 et 18.

sonne qui parle est un peu éloignée, ou qu'elle articule moins bien ou parle bas, exige assurément assez de finesse d'ouïe. Si elle manque, on peut y suppléer en plusieurs cas par un redoublement d'attention, et l'on peut de cette manière comprendre ce qui a été parlé à une certaine distance, ou moins distinctement, de même qu'on peut deviner ce qu'on n'a pas entendu du tout. Ceci n'est pourtant possible qu'aux personnes qui ont atteint un âge plus mûr et dont l'éducation est déjà en quelque manière faite, parce qu'alors la routine et la connaissance des choses viennent au secours des organes affaiblis, de manière que par un demi-mot ou une demi-phrase qu'elles ont compris, elles peuvent conclure sur la partie restée inintelligible, ou du moins la deviner. Par contre, pour les personnes qui n'ont pas passé l'âge de l'enfance, ou dont l'esprit est peu cultivé, il ne leur sert à rien d'avoir compris une partie de la phrase, vu qu'elles ne peuvent pas compléter par combinaison ce qu'elles n'ont pas entendu, et que de cette manière, elles perdent l'intelligence du tout.

§. 4. C'est pourquoi les enfants durs d'oreille, surtout lorsqu'ils fréquentent les écoles publiques, sans recevoir d'instruction privée, n'atteignent presque jamais le degré de développement intellectuel qu'ils auraient pu acquérir, s'ils eussent été doués d'une bonne ouïe.

§. 5. Mais même aux adultes durs d'oreille, il est souvent impossible, malgré toutes les peines qu'ils se donnent, de suivre une conversation, surtout lorsqu'elle est animée et que plusieurs personnes y prennent part; ou si cela leur réussit d'abord, ils sont incapables de soutenir plus longtemps sans interruption l'attention forcée qui leur est nécessaire pour tout comprendre. Cette incapacité les rend chagrins, mélancoliques, et assez souvent méfiants: dispositions qui les portent, tout autant que leur infirmité même, à éviter le contact avec la société et à rechercher la solitude.

*4. Possibilité de prévenir ces suites fâcheuses.*

§. 6. On peut, pourtant, remédier jusqu'à un certain point à ces inconvénients, même dans les cas, où les secours de la médecine sont absolument impossibles, si l'on enseigne aux individus durs d'oreille à saisir les mots, non-seulement au moyen de l'ouïe, autant que faire se peut, mais en s'aidant aussi du sens de la vue pour comprendre la parole, et à la saisir en regardant la bouche de celui qui parle. De cette manière ils peuvent par la vue puissament soulager ce qui leur reste de l'ouïe, et en remplacer en partie le défaut.

*5. Recommandation de l'étude de l'art de saisir par la vue les mots parlés.*

§. 7. Ce que je viens de dire, m'engage à recommander de la manière la plus pressante à tous les parents et les amis des enfants durs d'oreille, comme un de leurs premiers devoirs, non-seulement d'appeler sans délai un médecin voué spécialement au traitement des maladies de l'ouïe, aussitôt qu'ils aperçoivent la dureté d'oreille chez leurs enfants ou élèves, et avant que le mal soit parvenu à un trop haut degré; mais encore de faire instruire les enfants durs d'oreille dans l'art de comprendre les mots parlés par l'inspection des lèvres. Tout médecin, tout instituteur, et même tout philantrope doit rappeler ce devoir aux parents, et insister fortement sur ce que ce conseil soit suivi et dûment exécuté, aussitôt que la surdité est constatée.

Aux individus durs d'oreille eux-mêmes, je recommande très particulièrement dans leur propre intérêt, de tâcher d'acquérir aussi promptement que possible le talent qui fait l'objet de ce traité.

§. 8. Supposé même que la guérison parfaite du défaut de l'ouïe ait lieu plus tard, ce qui, dans les cas plus graves, ne peut presque jamais être obtenu qu'après un traitement continué pendant plusieurs années, le jeune homme n'a absolument rien perdu, puisqu'il a acquis par-là une dextérité également utile dans le commerce habituel de la vie. Si, au contraire, il était impossible de rétablir son ouïe par un traitement médical, alors le profit, qu'il peut tirer de l'habileté qu'il a acquise à saisir la parole par la vue, est extrêmement grand et important, ainsi qu'il sera expliqué dans la suite. (§. 20 — 26.).

§. 9. Appuyé sur ces raisons, lorsque la guérison d'un enfant très dur d'oreille m'est confiée, et que je puis prévoir que la cure ne réussira pas complètement, je ne manque jamais, dès le commencement du traitement, de le faire instruire dans l'art en question par un instituteur versé dans ce genre d'enseignement, et le résultat, en de pareils cas, a toujours répondu à mon attente.

§. 10. Même à des personnes d'un âge plus mûr qui ont perdu plus tard, totalement ou en partie, la faculté d'entendre, je leur conseille d'apprendre l'art dont il s'agit, et c'est par ce conseil que plus d'un jeune homme, que la perte irrémédiable de l'ouïe avait rendu incapable de tout genre d'affaires, a été mis en état de les reprendre jusqu'à un certain point et de gagner ainsi sa vie.

---

## II. De l'art de saisir par la vue les mots parlés.

### 1. *Idée de cet art.*

§. 11. L'art de comprendre les mots en regardant la bouche de celui qui parle, ce qu'on appelle *l'art de saisir par la vue les mots parlés* (ou l'intelligence du langage des lèvres), consiste dans l'habileté à comprendre ceux qui parlent, en observant attentivement les positions et les mouvements des lèvres, de la langue, et en partie des traits du visage. Cette intelligence n'ayant lieu que par le regard, il est par conséquent indifférent (pour ce genre de perception) que le discours s'opère à la muette (c'est-à-dire, qu'il ne soit qu'un chuchotement), ou qu'il ait un son élevé.

2. *Possibilité de cet art.*

§. 12. L'intelligence des mots parlés par l'inspection des lèvres *est possible*, vu que la plupart des sons détachés exigent une position particulière des organes de la parole et en partie des traits du visage, ou qu'ils produisent un mouvement particulier de ces organes. Pendant que l'individu dur d'oreille ou sourd les observe attentivement avec les yeux, il réunit en mots entiers ces positions de la bouche, de même qu'en prononçant et en lisant on compose les lettres. Cette habileté n'est donc, en effet, autre chose que celle de lire sur les lèvres. L'individu dur d'oreille peut atteindre petit-à-petit une grande habileté dans l'art de saisir les paroles par la vue, particulièrement lorsqu'il a fait d'assez grands progrès pour n'être plus obligé de saisir séparément chaque position de la bouche, mais que, d'après les positions détachées qu'il a vues, il peut conclure du mot entier, et d'après des mots détachés, de la période entière.

3. *Conditions qui limitent cet art, et de ses difficultés.*

§. 13. Cette manière de perception est cependant sujette à quelques *conditions qui la limitent*. D'abord, il est absolument nécessaire, que la personne qui parle *ait le visage tourné vers l'individu dur d'oreille*, et qu'elle *se trouve tout près de lui*. Puis, l'intelligence des mots par le regard n'est possible que *de jour, ou au soir dans un lieu bien éclairé*. La personne dure d'oreille doit aussi *être douée d'une bonne vue*, du moins ne doit-elle pas l'avoir trop courte, pour pouvoir distinguer les changements quelquefois à peine perceptibles, qui ont lieu dans les traits du visage pendant les divers mouvements des organes de la parole.

§. 14. Il y a, en outre, dans l'exercice de cet art quelques *difficultés particulières*, dont voici les principales:

*a.* Plusieurs sons, très faciles à distinguer par le sens de l'ouïe, sont *si semblables* entre eux, par rapport à la position et au mouvement des organes de la parole, visibles à l'extérieur, qu'on ne peut y apercevoir aucune différence, ou du moins, que, pour la remarquer, il faut un oeil très exercé.

*Tel est, par ex., le cas entre les sons* **ou** *et* **u**, **o** *et* **oeu**, **e** *et* **i**, *vu que deux d'entre eux présentent une ouverture de la bouche tout-à-fait égale, et que ce n'est qu'une faible, et non visible, élévation de la langue dans* **u**, **oeu**, **i**, *qui forme la différence de leur son d'avec celui d'***ou**, **o**, **e**. *Il en est de même de* **m** *et* **b**, **p**, *de* **n** *et* **d**, **t**, *de* **ŋ** *et* **g**, **c**, *lorsque* **b**, **p**, **d**, **t**, **g**, **c** *sont suivis d'une voyelle, par laquelle le coup d'air, propre à ces consonnes, n'est plus perceptible. — — De plus, la formation de quelques sons* est couverte par les lèvres et les dents, *et a lieu si profondément dans la bouche que l'oeil n'y a pas d'accès. P. ex. dans* **ŋ**, **g**, **c**, **h**. — *C'est pourquoi les mots composés de pareils sons ne peuvent pas être distingués du tout, ou le sont du moins très difficilement, des autres mots qui, quant à la forme visible, leur ressemblent. P. ex.*, **maman** *et* **papa**, **non** *et* **ton**, **bague** *et* **banque**. (*Voyez un plus grand nombre d'exemples à la fin de cet opuscule.*)

*b.* Dans la prononciation des consonnes qui se forment dans l'intérieur de la bouche, comme **t**, **g**, **c**, **n**, **h**, **s**, il ne faut aucune ouverture particulière des lèvres, mais leur position se règle sur la voyelle précédente ou suivante. Pour la plupart, en prononçant de pareilles consonnes, on conserve l'ouverture des lèvres causée par la voyelle qui précède immédiatement. Lorsque, donc, il arrive que **ou**, **o**, ou **i** ont précédé, les lèvres couvrent, en outre, pour la plus grande partie, l'intérieur de la bouche, de sorte qu'on ne peut pas du tout, ou du moins pas assez distinctement, observer les changements qui ont lieu pendant la prononciation des consonnes suivantes.

§. 15. Quant aux mots et aux phrases dans lesquelles ont lieu de semblables formations de sons cachées à l'oeil, il faut avouer que la perception par la vue des mots prononcés ***n'est pas sûre***, si elle n'est pas aidée par quelque reste d'ouïe. Car alors elle n'est possible qu'autant que par les mouvements visibles des organes de la parole, on en devine les autres, cachés à l'oeil, qui se réunissent avec eux en mots et en phrases. Relativement aux mots, on juge donc d'après la vraisemblance, tandis que dans les périodes liées, c'est le sens et la connexion du discours qui doivent mener à cette intelligence. Au reste, on n'évitera jamais tous les malentendus, vu que dans notre langage des sons lequel ne se rapporte qu'à l'oreille et non à la vue, il y a quantité de mots qui, mal la différence de leurs sons, se prononcent avec les mêmes mouvements extérieurs de la bouche. On en trouvera plusieurs exemples dans la Ve section.

§. 16. *Outre cela, il se présente encore les deux* difficultés *suivantes, qui, cependant, ne sont point particulières à l'intelligence des paroles par les yeux, vu qu'elles en rendent l'audition également difficile, de sorte que l'individu dur d'oreille ne reçoit, en pareils cas, que peu d'aide de l'ouïe encore subsistante.*

a. *Dans un discours rapide, la plupart des sons se joignent les uns aux autres, comme s'ils ne formaient qu'un seul mot, p. ex.* Vousavezétéquelquesheures dansl'embarras. *Cette jonction, qui a lieu dans le français plus que dans beaucoup d'autres langues, rend l'intelligence des phrases tout aussi difficile à l'oreille qu'à l'oeil.*

b. *L'intelligence du langage est encore rendue difficile parce qu'il y a des personnes qui, par différentes causes, par ex., à cause d'un bec de lièvre, ou d'une particularité individuelle*, forment les sons d'une manière moins juste ou extraordinaire, *ce qu'on remarque notamment dans la prononciation de* **f** *et* **r**. *Des autres sources de cette difficulté sont, soit un dialect particulier ou accent provincial ou local, soit des particularités personelles, par lesquels* la prononciation varie et beaucoup de mots s'articulent différemment de ce qu'exige la pureté de la langue parlée.

*Cette dernière espèce d'altération qui consiste en changements, en omissions ou en additions de sons, est à la vérité, beaucoup plus fréquente dans les basses classes que chez les personnes bien élevées. Néanmoins, même la prononciation de celles-ci n'est presque nulle part, ou seulement en très peu d'endroits, tout-à-fait conforme aux règles de la langue écrite. C'est pourquoi le sourd, comme celui qui entend bien, doit non-seulement tâcher de connaître la bonne pro-*

*nonçiation, mais aussi les déviations usitées dans l'endroit qu'il habite, et il doit se familiariser avec elles.*

4. *Cet art n'est pas aussi difficile qu'il le paraît.*

§. 17. Malgré ces difficultés, l'intelligence du langage par les yeux *n'est pas à beaucoup près aussi difficile* qu'on le croit en général. La preuve en est, que toutes les personnes dures d'oreilles, pendant le jour et lorsqu'elles peuvent observer la bouche de celui qui parle, comprennent ce qu'on dit beaucoup mieux que dans les circonstances contraires, et que plusieurs d'entre elles, obligées par le besoin, ont appris, sans aucun enseignement et à un haut degré de perfection, à comprendre les paroles par la vue *).

§. 18. *Cela est aussi incontestablement prouvé par mes observations sur les enfants sourds-muets. La grande majorité d'entre eux, même ceux qui sont nés entièrement sourds, (à moins qu'ils ne soient imbéciles) apprennent, déjà en bas âge, non seulement à saisir par l'inspection des lèvres de leurs parents et des autres personnes qui les entourent de plus près, certaines expressions simples et fréquemment employées dans la vie ordinaire, mais encore à imiter quelques mots faciles, tels que* a m i, â m e, a b b é, p a p a, p o u p é e, i d é e, é p é e, t ê t e *etc., et cela a même lieu dans le cas où ils n'ont reçu aucun enseignement,*

---

*) Comme exemple de cette assertion, je citerai le nommé *Renz*, ci-devant domestique de Mr. le docteur Weigel, médecin renommé de cette ville. Très sourd dès son enfance, il a appris, par lui même, à comprendre les paroles par la vue à un tel degré, qu'on remarque à peine en lui ce défaut, et que pendant plusieurs années, il a pu faire son service à la pleine satisfaction de son maître.

*ni pour la perception des mots par la vue, ni pour l'art de les répéter. La répétition de pareils mots est, au reste, une preuve indubitable de ce que ce n'est pas uniquement parce qu'ils ont compris les gestes qu'on y a joints peut-être, qu'ils obéissent, mais que ces mots ont été réellement saisis sur la bouche.*

§. 19. Les difficultés mentionnées §. 14. ne sont pas, du reste, à beaucoup près aussi grandes pour celui qui n'est que dur d'oreille, que pour celui qui est totalement sourd. Car, outre que celui-ci, s'il est né tel, ou qu'il le soit devenu en bas âge (le sourd-muet), n'a d'ordinaire aucune idée du parler par des mots, tandis que l'individu dur d'oreille (et même celui qui est devenu sourd plus tard), aura, dans la règle, déjà appris à parler jusqu'à un certain degré; ce dernier donc n'a pas besoin de saisir par les yeux tout ce qu'on dit, mais seulement ce qu'il n'en a pas entendu. Dans le plus grande nombre des cas, il pourra plus ou moins clairement saisir par l'ouïe les voyelles dans les mots, et souvent même les consonnes, qui ont un certain ton ou timbre, ou qui retentissent plus fortement ou aigrement, telles que **l**, **m**, **n**, **r**, ou **s**, **ch**. Si l'individu dur d'oreille ne manque pas d'esprit, il apprendra bientôt à conclure par les positions détachées de la bouche, quel est le mot entier, et par les mots détachés, quel est le sens de toute la phrase. L'oeil de celui même qui est doué seulement d'une vue médiocrement bonne, s'habituera à cette espèce de perception et s'améliorera ensuite par l'exercice.

§. 19[b]. Quant aux difficultés énumérées §. 16, il est sûr qu'il sera pour chaque individu dont l'ouïe est défectueuse moins aisé de comprendre par la vue ceux qui ont une prononciation moins distincte, ou une manière de parler inexacte, ou un accent ou un dialect différent du nôtre, ou enfin qui s'expriment dans une langue étrangère; mais ces difficultés ne seront pas plus grandes pour lui qu'elles ne le sont pour quiconque a l'ouïe bonne. Car, aussi pour celui-ci, il est, à ces conditions, toujours moins facile de comprendre ceux qui parlent, que lorsqu'ils parlent clairement, et exactement, avec notre accent, notre dialecte et dans notre langue.

§. 19[c]. Enfin, lorsque celui qui a un défaut d'ouïe, aura une fois acquis quelque habileté à comprendre le langage par l'inspection des lèvres, il n'a pas à craindre que, sans le secours continuel d'un maître, il puisse oublier ce qu'il a appris. Car chaque conversation, avec qui que soit, lui servira d'exercice, et il s'accoutumera de mieux en mieux à saisir les mots parlés par l'observation de la bouche.

*5. Grande utilité de l'art en question pour les personnes dures d'oreille et sourdes.*

§. 20. Lorsque l'individu dur d'oreille a acquis le talent de saisir par la vue les mots parlés, cette faculté doit lui *procurer de grands avantages* pour la conversation. Car c'est alors qu'un sens peut être aidé et en quelque sorte remplacé par un autre, c-à-d., ce qui a échappé à l'oreille, peut être saisi par l'oeil; et vice-versâ, ce qui n'a pas été vu, ou ce qu'on ne peut pas apercevoir par la vue, peut être entendu.

§. 21. Même celui dont l'ouïe est bonne, aime à regarder la bouche de celui qui parle, parce que cette observation l'aide à comprendre les paroles, quoique, à la rigeur, il n'en ait pas besoin, vu qu'il entend parfaitement le son des mots. Quant à l'individu dur d'oreille ou sourd, l'observation des lèvres et des autres organes de la parole, lui doit être encore beaucoup plus avantageuse dans les rapports de la vie sociale, parce qu'il ne peut entendre que peu ou rien du son des mots.

§. 22. Mais, pour celui qui a l'oreille dure, l'acquisition de ce talent est la seule condition à laquelle il puisse *comprendre promptement et facilement les autres*, et obtenir la certitude de les avoir bien compris.

§. 23. A-t-il, de plus, parfaitement acquis la faculté d'exercer ce talent même *à une certaine distance*, il peut alors, pourvu que sa dureté d'oreille ne soit pas trop forte, ou qu'il n'ait pas la vue trop courte, et qu'il soit doué d'assez d'intelligence, il peut alors, dis-je, parvenir au point que dans la conversation, on ne remarquera que peu ou point du tout son défaut.

§. 24. Outre cela, à l'aide de cette habileté à lire les mots sur les lèvres, le développement de l'esprit des enfants durs d'oreille, qui autrement (d'aprés §. 4.) serait resté plus ou moins imparfait, peut être porté à un degré convenable.

§. 25. Quelque importante que soit, d'après ce que nous venons de dire, le talent en question pour tout individu atteint d'un faible degré de dureté d'oreille, il l'est, cependant, encore bien davantage pour les enfants atteints dès leur naissance d'un haut degré de dureté d'oreille, ou pour ceux qui en ont été affectés en bas âge. Chez eux, notamment, l'intelligence des mots par la vue, est l'unique moyen de prévenir parfaitement le surdimutisme qui (d'après §. 28. ff.) peut très facilement en résulter, avec tous ses graves inconvénients.

§. 26. Enfin, l'art de saisir par les yeux les mots parlés, aura encore, pour les personnes dures d'oreilles l'avantage accessoire, qu'elles seront portées à diriger continuellement leur attention sur ceux qui parlent. Car autrement, il n'arrive que trop souvent que pendant que les autres causent ensemble, à moins qu'on ne leur adresse la parole immédiatement, ils restent sans y prendre part, enfoncés dans leurs rêveries, se croyant absolument incapables de comprendre ceux qui parlent; d'où il resulte qu'ils n'entendent pas même ce que, avec un peu d'attention, ils auraient pu réellement entendre.

*6. Circonstances qui facilitent l'acquisition de cet art, et le rendent plus utile.*

§. 27. Celui qui a l'ouïe défectueuse, acquerra d'autant plus aisément cette habileté, qu'il lui reste plus d'ouïe, que l'infirmité lui est survenue plus tard, et que son développement intellectuel et son éducation sont déjà plus avancés. Au contraire, l'acquisition en est pour lui d'autant plus difficile, mais elle peut lui être d'autant plus utile, qu'il lui reste moins d'ouïe, que l'infirmité s'est manifestée plus tôt, qu'il a commencé à s'en occuper bien tôt après la perte de l'ouïe, et que, au commencement de sa surdité, il était moins avancé dans son éducation.

*7. Preuve des assertions précédentes par rapport aux sourds-muets.*

§. 28. *Ces assertions se prouvent le mieux, en comparant les enfants très durs d'oreille avec les sourds-muets, et en considérant les grandes difficultés qui s'opposent à l'instruction de ces derniers. Parmi eux, cependant, il faut compter non-seulement ceux qui sont complètement sourds; mais aussi ceux auxquels reste encore un peu d'ouïe, et qui sont néanmoins assez sourds pour ne pouvoir pas comprendre le langage ordinaire des autres. De plus, il faut non seulement compter parmi eux ces enfants durs d'oreille, auxquels le degré mentionné de dureté d'ouïe est inné, ou qui y sont arrivés avant qu'ils aient appris à proférer quelques mots; mais aussi ceux qui plus récemment, dans les années subséquentes, après avoir appris à parler, sont devenus durs d'oreille à un haut degré. Même ces enfants, à moins qu'ils ne reçoivent une instruction particulière, deviennent sourds-muets comme ceux qui n'ont jamais su parler; vu que, en plus ou moins de temps, ils perdent de nouveau l'habileté de parler, et avec elle les perceptions qu'ils avaient déjà acquises par ce moyen. Ceci a lieu ordinairement, depuis l'âge où les enfants commencent à apprendre à parler, (de 1½ à 2 ans) jusqu'à celui de 6 ou 7 ans, et même à un âge d'autant plus avancé que l'enfant a fait moins de progrès dans son instruction.*

§. 29. *La cause en est que les enfants à l'âge indiqué répètent les mots machinalement, c'est-à-dire, de pure mémoire, sans pouvoir y attacher une perception claire, ou y joindre une idée positive. Ce n'est, en effet, que par un long exercice moyennant un commerce suivi avec les autres, qu'ils peuvent acquérir l'habileté de reconnaître les objets désignés par les mots, et d'exprimer par des paroles leurs perceptions et leurs sentiments. Ce commerce est-il interrompu, par la surdité ou par un haut degré de dureté d'oreille, trop tôt pour eux, c.-à-d., avant qu'ils soient suffisamment instruits, ils oublient ce qu'ils avaient déjà appris, et deviennent aussi muets que les enfants nés sourds, et que ceux qui n'ont jamais su parler. Que le mutisme en résulte, ou non, cela ne dépend que du degré de culture d'esprit, auquel l'enfant était parvenu avant le développement de la surdité. En conséquence, il est bien possible qu'un tel enfant dur d'oreille, qui est doué d'une capacité d'esprit suffisante, et dont l'intelligence a été cultivée de bonne heure, conserve la faculté de parler avant même d'avoir achevé sa troisième année, sans qu'on se soit occupé de la lui conserver. Dans le cas contraire, un enfant dont les facultés intellectuelles sont faibles, et qui n'a fait que de très petits progrès, pour avoir été negligé avant que la dureté d'oreille ou la surdité se fût manifestée chez lui, un tel enfant, dis-je, peut encore devenir muet dans sa sixième, septième ou huitième année, et même plus tard.*

§. 30. *L'enfant devenu sourd ou très dur d'oreille à l'époque du développement intellectuel dont je viens de parler, se sert au commencement encore du langage des paroles pour exprimer ses désirs et ses penchants. Peu à peu, il se contente de plus en plus de gestes, sans paroles, jusqu'à ce que graduellement il soit devenu entièrement muet. N'entendant, alors, ni sa propre parole, ni celle des autres, il perd, à moins qu'on n'y obvie par des soins particuliers, le timbre de la voix, et la clarté de la prononciation au point que les autres ne comprennent plus ce qu'il veut dire. Il cesse, par conséquent, de parler, et se sert, pour exprimer ce qu'il veut communiquer à ses alentours, plutôt de gestes que de paroles, et il y est d'autant plus porté, qu'il ne peut exprimer que par des gestes ce qu'il ne savait pas encore nommer avant la perte de l'ouïe. Cet état de choses est agravé encore par la circonstance, que ceux qui l'entourent de leur côté, parce qu'il ne sont plus compris par lui, croient devoir limiter leur conversation avec lui au peu qu'ils peuvent lui faire comprendre par gestes, et que, pour l'ordinaire, il n'y ont même recours qu'en cas de nécessité absolue. Ainsi privé presqu'entièrement de l'avantage de la conversation, il manque de tout exercice du langage déjà acquis, et le perd enfin.*

§. 31. *On peut, cependant, obvier à ce fâcheux résultat, en tâchant de conserver, et même de perfectionner cette habileté dans les enfants qui l'avaient déjà acquise avant la perte de l'ouïe. On trouvera une instruction détaillée sur cet objet dans mon ouvrage:* Sur les sourds-muets et leur instruction, *considérés sous le rapport médical, statistique, pédagogique et historique. Dresde* 1838. (*écrit en allemand, sous le titre:* Ueber die Taubstummen und ihre Bildung, in ärztlicher, statistischer, pädagogischer und historischer Hinsicht. Dresden, 1838.), *et dans mon opuscule populaire:* ***Instruction précise et claire, pour reconnai-***

*tre, dès les premières années de la vie, qu'un enfant est sourd-muet, et pour prévenir autant que possible le surdi-mutisme, ainsi que pour élever convenablement ces enfants dans la maison paternelle.* (Faßliche Anleitung die Taubstummheit in den ersten Lebensjahren zu erkennen und zu verhüten ꝛc. Dresden, 1841.) *VII. section* §. 70. *à* 86.

---

## III. Instruction pour enseigner et pour apprendre l'art de saisir par la vue les mots parlés.

### A. Aperçu succinct.

1. *Circonstances auxquelles il faut avoir égard.*

§. 32. Pour enseigner aux sourds à comprendre par l'inspection des lèvres les mots parlés, on doit, avant tout, avoir égard à l'âge de la personne qu'on veut instruire, et surtout au degré de sa dureté d'oreille. Quoique la méthode à suivre soit en général la même, elle exige, néanmoins, en particulier, suivant les circonstances mentionnées, divers changements.

§. 33. Quant à l'âge, on peut admettre quatre degrés différents, qui cependant passent l'un à l'autre, selon que la personne est plus ou moins instruite, et que sa dureté d'oreille est plus ou moins forte. Voici ces degrés:

a. *Le premier âge d'enfance*, depuis un an et demi jusqu'à la troisième année, pendant lequel l'enfant ne sait pas parler du tout, ou seulement d'une manière très imparfaite.

b. *Le second âge d'enfance*, depuis la troisième jusqu'à la huitième ou dixième année, dans lequel la faculté de parler, dans la règle, se développe et se perfectionne.

c. *L'âge d'enfance plus avancé*, ou *la première jeunesse*, depuis la 8e ou 10e jusqu'à la 15 ou 18e année, pendant lequel le développement de l'intelligence fait de plus grands progrès.

d. *L'âge d'adolescence*, ou *la jeunesse mûre*, depuis la 15e ou 18e jusqu'à la 22e ou 25e année, dans lequel, pour la plupart, l'intelligence a atteint sa maturité.

§. 34. Quant au degré de dureté d'oreille, il faut distinguer, si la personne qui en souffre, entend ou a. *peu*, ou b. *très-difficilement*. Dans le premier cas, l'enseignement de l'art de saisir la parole en regardant la bouche, n'offre pas de difficultés particulières, et est d'autant plus aisé que la personne à instruire approche plus de l'adolescence et que son instruction est plus avancée. Si, au contraire, elle a l'oreille très dure, son enseignement dans cet art exige beaucoup d'efforts et de persévérance. Dans ce cas, il faut aussi prendre en considération aa. si la dureté d'oreille s'est manifestée après que la personne eût acquis l'habileté de parler, ou bb. si la surdité est innée, ou si elle s'est manifestée dans le bas âge, avant que l'enfant eût appris à parler, ou même dans les années qui ont immédiatement suivi cette époque.

*Les enfants désignés sous bb., s'ils grandissent sans l'instruction que j'ai eu ici en vue, restent, comme il a été dit plus haut (§. 28.—30.), incapables de parler, et sans aucun développement intellectuel, et doivent alors être rangés parmi les sourds-muets. (Comparez aussi mon opuscule:* **Instruction précise et claire** *pour reconnaître, dans les premières années de la vie, qu'un enfant est sourd-muet, etc.* §. 5). *L'enseignement dans l'art de saisir les mots par la vue, doit en pareils cas se rapprocher de celui qui convient aux sourds-muets. C'est pourquoi je me permets, outre ce que j'ai à dire ici, de renvoyer en même temps à ce que j'ai dit sur cette matière dans le traité que je viens de citer* (§. 53 *sq.*), *et dans mon ouvrage plus étendu:* **Sur les sourds-muets et leur instruction** *etc.* **(Ueber die Taubstummen und ihre Bildung)** *IIe partie, section II., page* 277. *sq.*

### 2. *Règle générale.*

§. 35. Pour tous les enfants souffrant de dureté d'oreille, quel que soit leur âge, que cette affection soit innée, ou de date plus récente, et quel qu'en soit le degré, il est, en général, nécessaire *qu'on leur parle toujours oralement* et de la même manière qu'aux autres, et qu'on emploie avec eux les gestes aussi peu que possible. Si, pour être compris, il est inévitable d'en faire usage dans le principe, on doit, néanmoins, accompagner chaque geste de quelques mots brefs, même si l'enfant, au commencement, ne comprend que les gestes qu'on y joint. Comme les expressions pour certaines perceptions reviennent très souvent, l'enfant, pourvu qu'on parle toujours lentement et distinctement et qu'on tourne le visage vers lui, apprendra à comprendre ces expressions par l'inspection des lèvres de ceux qui l'entourent de plus près, et s'habituera plus promptement à tenir ses yeux fixés sur la bouche de celui qui parle.

*3. Règles qu'il faut suivre dans l'instruction des très petits enfants.*

§. 36. Avec les enfants qui sont encore dans le premier âge d'enfance, ou qui ont l'oreille très dure, ainsi qu'avec ceux qui, quoique plus âgés, n'ont encore reçu que peu d'instruction, il faut suivre plus long-temps le procedé qui vient d'être indiqué dans la règle générale, et il faut leur dire souvent, et à dessein, des mots faciles à saisir et à prononcer, dont les objets se trouvent autour d'eux, et dont la signification est adaptée à leur entendement, p. ex., papa, poupée, maman, pied, nez, balle, tonneau, aune, café, lait, manger, coucher, lire, etc. De cette manière l'enfant apprendra, plus tôt ou plus tard, à saisir de pareils mots, par l'effet de l'impression générale qu'il en reçoit pendant qu'on lui parle, tant par la vue, que par l'ouïe qui lui reste, et il tâchera de les répéter tant bien que mal. C'est ainsi seulement que les enfants doués d'une bonne ouïe, à l'âge d'un à deux ans et demi, acquièrent l'usage de la parole et la connaissance des perceptions qu'elle représente. Pendant ce genre d'enseignement, il faut bien se garder d'imiter le langage balbutiant des enfants et de s'en servir en conversant avec eux, de peur qu'ils n'en contractent une fausse prononciation.

§. 37. Afin, toutefois, que l'enfant dur d'oreille reçoive des perceptions correctes des choses, et que par les exercices indiqués son intelligence se développe aussi en quelque manière, il faut lui faire connaître la signification de ces mots-là. A cet effet, chaque fois qu'on prononce un pareil mot, on montre l'objet qu'il désigne; ou l'on exécute l'action qu'il exprime; ou plus tard, on lui fait voir une image qui représente la même chose; en un mot, on tâche de lui en expliquer la signification d'une manière quelconque. L'enfant en conclura que ce qu'on a prononcé, est le nom de la chose qu'on lui a fait voir, et il apprendra, petit-à petit, à connaître la signification des mots. Si, par hazard, pour saisir ou désigner un objet, il profère un son tant soit peu ressemblant au mot véritable, au lieu de l'indiquer comme auparavant par des gestes, on doit lui en témoigner son approbation, et répéter plusieurs fois ce mot en le prononçant correctement.

Note. *Dans les premières années de la vie, avec un enfant dur d'oreille, ainsi qu'avec celui qui jouit d'une bonne ouïe, l'exercice en question est principalement du ressort de la mère, comme de la personne, dont on peut attendre et demander avec plus de raison que de toute autre, la douceur, la patience et la persévérance qu'il faut y apporter. Au commencement, ce n'est qu'en jouant et à de petits intervalles, qu'elle doit tâcher d'instruire l'enfant, afin de ne pas le dégoûter.*

*4. Règles pour des enfants un peu plus âgés.*

§. 38. Lorsqu'un enfant a ainsi acquis les premières idées, et par la conversation fréquente avec ceux qui l'entourent, et parcequ'on lui a dit à dessein les noms des choses, s'est habitué à faire attention aux positions et aux mouvements des organes de la parole nécessaires à la production des sons, on en vient à prononcer devant lui des sons détachés, des syllabes, des mots et de courtes phrases. Ce procédé qui va être exposé plus exactement, mais succinctement, convient particulièrement aux enfants du second âge d'enfance, à ceux qui ont l'ouïe moins dure, et à ceux qui, à quelques égards, sont déjà instruits.

§. 39. En engageant donc ces derniers, ainsi qu'il a été dit plus haut, à diriger toujours leur attention sur le visage (particulièrement sur la bouche) de celui qui parle, on prononce distinctement un son détaché, en le prolongeant, en parlant à haute voix, et, quand il le faut, à portée de leur oreille, de sorte qu'ils soient en état de le saisir par l'ouïe autant que possible. On répète ce son aussi long-temps que besoin, jusqu'à ce que le sourd sache saisir par les yeux les positions et les mouvements qui ont lieu lors de la prononciation dans les organes de la parole, et jusqu'à ce qu'il ait appris à le distinguer des autres sons avec toute la sûreté possible (comparez §. 14.), lors même qu'on ne le profère qu'en chuchotant.

§. 40. On commence par les voyelles les plus aisées, **a**, **é**, (**er**, **ez**,) **o**, (**au**, **eau**). Lorsque le sourd sait les lire sur les lèvres et les distinguer l'une de l'autre, on passe aux consonnes **b**, **p**, **f**, (**ph**), **v**, **d**, **t**, **g**, **c**, (**qu**), lesquelles cependant doivent être prononcées, non d'après leurs noms, mais suivant leurs sons*). Aussitôt que le sourd sait saisir ces consonnes par l'inspection de la bouche, lors même qu'on ne fait que les chuchoter, on les compose avec les voyelles qu'il a apprises, tantôt en faisant suivre la voyelle, tantôt en la faisant précéder, tantôt en la plaçant au milieu, p. ex.: **ab**, **eb**, **ob**; **ba**, **bé**, **bo**, **aba**, **ébé**, **obo**, etc.

§. 41. Plus tard, on tâche de lui enseigner aussi la voyelle principale **ou**, les voyelles secondaires **è**, (**ê**, **ai**, **ei**), **oeu**, (**eu**), **u** et **i** (**y**), et les voyelles combinées ou diphthongues: **oua**, **oui**, **oè**, **oi**, (**oy**), **io**, **ieu**, (**yeu**), **ui**. De même, on dirige son attention sur la différence qui existe entre les voyelles longues et les brèves, et on l'exerce à percevoir cette différence. Ensuite on l'instruit dans la manière de saisir les consonnes simples qu'il ne connoît pas encore: **h**, **m**, **n**, **n**, (**m**), **l**, **s**, (**ç**, **z**), **ch** (**g**), **j**, **r**, et les consonnes combinées (qu'on écrit avec une ou deux lettres), telles que **x**, (**gz**, **cs**), **qu**, (**cv**),

*) On ne doit donc prononcer, *bé*, *pé*, *ef*, (*péach*) *vé*, *dé*, *té*, *gé*, *cé* (*cu*), etc., mais seulement faire entendre le son propre à ces consonnes.

**ps**, **bs**, **bl**, **pl**, **gl**, (chl), **gr**, **cr**, (chr), **br**, **pr**, **dr**, **tr**, **sp**, **gn**, gn, (ni), ll, il, (li), **nche**, **nge**, etc.

§. 42. Lorsqu'il est parvenu à lire sur la bouche tous ces sons, ou du moins la plus grande partie, on lui enseigne peu à peu à les saisir dans leurs combinaisons les plus variées, et l'on en compose des syllabes et des mots plus ou moins faciles. Pour l'y exercer, il est bon d'en avoir une liste toute prête, qui, surtout pour le commencement, contienne des mots qu'on peut distinguer par la vue avec la même facilité et exactitude que par l'ouïe. On trouvera dans le IV^e^ chapître de pareils mots comme exemples pour s'exercer dans l'art en question.

§. 43. Pour porter encore plus loin cet exercice, il faut lui dire, l'un après l'autre, des mots, qui par leur son ont beaucoup de ressemblance entre eux, mais que l'oeil ne peut distinguer qu'avec peine ou pas du tout, p. ex.: *main*, *pain*, *vin*; *bouton*, *mouton*, *ponton*; *sonnet*, *bonnet*, *cornet*; *place*, *trace*, *grace*, etc. Voyez à la fin de cet écrit un recueil de tels mots.

§. 44. Afin de s'assurer que l'enfant a bien compris (par la vue, ou par l'ouïe, ou par ces deux sens réunis) ce qu'on lui a dit, il faut l'engager à répéter chaque fois les sons, les syllabes et les mots qu'on a prononcés devant lui.

§. 45. Après qu'il a appris à les saisir et à les répéter, même quand on ne fait que les chuchoter, on les lui dit en se plaçant *à quelque distance*, et l'on s'éloigne de lui de plus en plus, jusqu'à ce qu'il se soit habitué à comprendre ce qu'on lui dit à voix modérée, même à la distance d'environ huit (ou dix) pas.

§. 46. En parlant ainsi devant le sourd, on doit cependant bien se garder d'élever trop la voix, ainsi que de faire des grimaces en proférant les sons et les mots. L'enfant ne prend que trop facilement ces mauvaises habitudes qu'ordinairement à personne on ne voit, et qui, loin de contribuer à l'intelligence du langage, la rendent plutôt moins aisée, en distrayant l'oeil de l'essentiel de la prononciation.

5. *Règles pour des personnes plus instruites.*

§. 47. Avec les enfants plus âgés ou plus avancés dans l'instruction, ainsi qu'avec des personnes d'un âge plus mûr, on peut suivre une marche d'enseignement plus scientifique, telle qu'on va la trouver dans l'instruction systématique (§. 49. suiv.)

§. 48. Les individus durs d'oreille et sourds d'un âge plus mûr peuvent, à l'aide d'un miroir, apprendre en quelque manière, même sans assistance étrangère, à saisir par la vue les mots parlés, mais surtout, après avoir acquis les premiers éléments de cet art, ils peuvent s'y exercer et continuer leur instruction.

## B. Instruction systématique.

§. 49. Ici il faut remarquer, avant tout, qu'il ne suffit pas que le sourd adulte apprenne à saisir le langage par ce sentiment vague, qui résulte de l'impression réunie de l'ouïe et de la vue. Afin de devenir aussi habile que possible dans l'art de comprendre les mots parlés par la vue seule et sans l'aide de l'ouïe, il est nécessaire qu'il sache distinguer chaque son simple ou composé, même quand il est proféré sans ton ou seulement chuchoté, et que, à l'aide d'un miroir, il ait étudié sur lui même les mouvements des organes de la parole qui ont lieu pendant la formation des sons; et qu'il soit arrivé à s'en former une connaissance parfaite. Après y être parvenu, alors son oeil saura découvrir, aussi sur d'autres personnes, tous les petits changements que la prononciation de chaque son isolé a produit dans les organes de la parole et dans les traits du visage, et son esprit saura les traduire en mots intelligibles.

§. 50. Vu, cependant, qu'il est très utile de connaître la manière dont se forment les sons par l'action des organes de la voix et de la parole, je dirai là-dessus ce qu'il y a de plus nécessaire, en me bornant cependant aux sons de la langue française.

§. 51. *Par ce précis, je crois être dispensé de l'explication détaillée de la formation des sons qui constituent la parole, ce qui d'ailleurs aurait trop grossi cet opuscule. Je pense aussi que l'individu dur d'oreille peut s'en passer sans préjudice, parce qu'il saisira sûrement par l'ouïe qui lui reste la plupart des sons, pourvu qu'on les profère distinctement, à haute voix, et près de son oreille.*

§. 51[b]. *Quant à la langue allemande, on trouvera tout ce qui concerne la manière dont se forment les sons, dans mon ouvrage plusieurs fois cité;* **Sur les sourds-muets et leur instruction,** *et plus en détail encore, dans celui de Jean-Fréderic-Adolphe* **Krug,** *(ex-directeur d'école, récemment décédé à Dresde)*: Ausführliche Anweisung die hochdeutsche Sprache recht aussprechen, lesen und recht schreiben zu lehren. Leipzig, 1808. 8.

### 1. *Voyelles.*

#### aa. Voyelles simples.

§. 52. C'est la manière de saisir par la vue les voyelles, et notamment les voyelles simples, qu'on doit nécessairement enseigner au commencement. L'oeil de l'écolier doit apprendre à percevoir la forme de la bouche pendant que ces sons en sortent, tandis que sa bouche justement formée doit elle-même les répéter.

§. 53. D'abord on enseigne au sourd à saisir par le regard les voyelles principales ou fondamentales, **a**, **o**, **ou**, **é**, et on le rend attentif à ce que pendant la prononciation la bouche soit

pour **a**, bien ouverte, pour **ou**, alongée
pour **o**, arrondie, pour **é**, elargie

et que la langue reste baissée et tranquille au fond de la bouche.

§. 54. Ensuite, on lui fait remarquer, que c'est des voyelles principales, par la seule élévation du dos de la langue vers le palais, que se forment les quatre voyelles secondaires. Notamment,

de **a** se forme **è**, de **ou** — **u**,
de **o** — **oeu**, de **é** — **i**.

Cette élévation de la langue n'est clairement visible que dans **è** (**ê**), tandis que dans les autres voyelles secondaires elle est plus ou moins couverte et cachée par les lèvres. (Comparez ce qui a été dit §. 14.)

§. 55. Toute voyelle, principale ou secondaire, doit être prononcée devant l'écolier, d'abord d'une manière longue, mais plus tard brièvement, et elle doit être ainsi apprise et exercée. La différence entre une voyelle longue ou grave, et une voyelle brève ou aigue, peut aussi être très bien aperçue par l'élève au moyen de la vue. Cette perception lui deviendra plus facile, si l'on indique au principe avec la main la longueur ou la brièveté des syllabes.

§. 55.[b] *Outre les voyelles principales et secondaires, dont chacune peut être ou longue, ou brève, il y a encore plusieurs nuances ou modifications des voyelles, qui sont intermédiaires entre elles. En français se trouvent les suivantes:*

1) *entre* **a** *et* **è**, *qui a lieu dans les mots* loi, foi.
2) *entre* **o** *et* **ou**, *qui a lieu p. ex. dans la première voyelle de la diphthongue* **oi**, *dans les mots* loi, foi, mois, pois *et dans* juin.

3) *entre* **é** *et* **oeu**, *qui se trouve dans les mots:* **me, te, se, le, ne,** *etc.*

4) *entre* **ou** *et* **u**, *qui a lieu dans les mots:* **lui, puits.**

*Il ne faut cependant pas un exercice particulier pour ces modifications, sur lesquelles on ne passe que légèrement, car le sourd qui sait saisir les voyelles principales et secondaires, apprendra ces nuances peu à peu de lui même par la conversation fréquente avec d'autres.*

**bb. Voyelles combinées.**

§. 56. Après avoir bien exercé le sourd dans l'art de saisir par les yeux les voyelles simples, on passe aux voyelles combinées ou doubles, ou diphthongues. Ici il faut diriger l'attention de l'élève sur les voyelles intermédiaires, qui se trouvent le plus souvent dans la prononciation de la diphthongue **oi** *) (Voyez §. 55^b.)

Quoique l'usage varie à cet égard, on peut admettre dans la langue française comme voyelles combinées les suivantes

**ou-a** — ouate, louange.

**o** / **ou** }-**a** — moi, pois, bois.

**ou-i** — Louis, l'ouïe.

**ou** / **u** }-**i** — lui, étui, puits.

**ou-è** — ouest, ouais, fouet, baragouin.

**ou** / **o** }-**è** — juin.

---

*) Quelqu'uns regardent la voyelle combinée oi comme triphthongue composée de ou-o-a, ou de ou-o-è.

$\left.\begin{matrix}\textbf{o}\\ \textbf{ou}\end{matrix}\right\}-\left\{\begin{matrix}\textbf{è}\\ \textbf{a}\end{matrix}\right\}$ — loi, foi.

$\textbf{o}-\left\{\begin{matrix}\textbf{e}\\ \textbf{a}\end{matrix}\right\}$ — soin, moëlle, boite, coin.

**i-o** — pioche.

**i-eu** — lieu.

**i-é** — pied.

**i-è** — lumière, biais, rien, combien, vieil.

**i-à** — viande.

**i-ou** — chiourme.

**u-è** — écuelle.

§. 57. *La perception des voyelles par l'inspection des lèvres présentera peu de difficultés à l'individu dur d'oreille*, pourvu qu'on parle à voix haute et près de lui, parce qu'il est plus ou moins assisté par l'ouïe qui lui reste encore. Si, par contre, on lui parle sans ton, ou à quelque distance, l'intelligence même des voyelles devient pour lui difficile, et les mésentendus sont, par les raisons citées §. 14, presque inévitables.

### 2. *Consonnes.*

§. 58. Lorsque l'écolier sait saisir les voyelles par la vue, on fait suivre les *consonnes*. En le rendant attentif aux mouvements particuliers des organes de la parole, qui ont lieu pendant la prononciation de chacune d'elles, on lui enseigne d'abord à saisir les consonnes simples séparément, ensuite composées avec des voyelles en syllabes, et l'on procède plus tard aux combinaisons des consonnes.

aa. Consonnes simples.

α. A prononcer séparément, c.-à-d. sans voyelle.

§. 59. Elles sont produites par différentes mouvements des organes de la parole les uns envers les autres, entre lesquels l'air, en partie sans ton, en partie sourdement sonnant, est poussé avec plus ou moins de force, et sort chez les uns par le canal de la bouche, chez les autres par celui du nez. On en peut distinguer cinq espèces:

§. 60. I. **Consonnes par pression.** Pendant la formation de ces consonnes, durant que les rangées des dents restent éloignées l'une de l'autre, des parties des organes de la parole, placées vis à vis, se rapprochent mutuellement, de sorte que l'air enfermé entre eux est comprimé plus ou moins fortement, ce qu'on nomme le serrement. Ensuite, ces parties s'éloignent brusquement l'une de l'autre, en conséquence de quoi l'air comprimé doit s'échapper avec plus ou moins de bruit, ne pouvant pas sortir en haut par le canal nasal, vu qu'il est clos par le voile mou du palais, ce qu'on appelle la décharge. Il en résulte un coup d'air plus fort ou plus doux, qui peut toujours être senti par le tact, mais aperçu par la vue seulement, lorsqu'il n'est pas suivi par une voyelle, où par une consonne qui s'y joint étroitement, comme **s**, **ch**, **n**, **r**, **l**, **f** et **v**.

1.) Consonne par pression **labiale**: poussée fortement: **p**, **pp**, doucement **b**, **bb**. Elle naît par la compression mutuelle des lèvres. On peut facilement l'apercevoir par la vue.

2.) C. par pression **dentale**; poussée fortement: **t**, **th**, **tt**, doucement: **d**, **dd**. Elle se forme par le rapprochement de la pointe de la langue vers les dents supérieures et antérieures, et vers la gencive correspondante. Elle n'est visible avec clarté que lorsque la bouche est largement ouverte.

3. C. par pression **palatale**; poussée fortement: **c**, **qu**, (**k**, **ch**), **cc**, doucement: **g**, (**c**), **gg**. Il naît par le rapprochement du dos de la langue au palais mou, placé au-dessus de lui. De même, ce son ne peut être vu que lorsque la bouche est largement ouverte, mais il peut en quelque manière être aperçu par l'élévation considérable du larynx pendant le mouvement mentionné de la langue.

§. 61. II. **Consonnes nasales**. Elles sont produites par un des mouvements des lèvres ou de la langue qui viennent d'être cités, en faisant en même temps sortir doucement par le canal ouvert du nez l'air qui y a été renfermé jusqu'alors, de sorte qu'il resonne sourdement. Si ce ton sourd n'est pas entendu par les personnes dures d'oreilles, elles ne peuvent distinguer par la vue les consonnes nasales des consonnes par pression correspondantes que lorsqu'aucune voyelle ne les suit, puisque en ce cas le coup d'air mentionné §. 60. ne peut pas du tout, ou pas avec clarté, être aperçu, et que chacune d'elles ressemble, quant à la forme visible, à la consonne par pression correspondante.

1. Cons. nas. **labiale**: **m**, **mm**. On peut aisément la confondre avec **p** et **b**.

2. C. nas. **dentale**: **n**, **nn**. Elle se distingue difficilement de **t** et **d**.

3. C. nas. **palatale**: **n**, **m** *). Elle est apparentée avec la consonne palatale par pression, (**c**, **qu**, **g**), et par conséquent facile à confondre avec elle. On ne la trouve jamais au commencement d'un mot.

§. 62. III. **Consonnes orificales**. On les nomme ainsi, parce que, pendant leur durée, un courant d'air, qui resonne sourdement, doit être poussé, de manière à être entendu, au travers du canal de la bouche, mais non par celui du nez, qui est maintenant fermé par le voile pendant du palais. Les personnes dures d'oreille peuvent aisément les saisir en regardant la bouche.

1. Cons. orificale **ventale**: **v**, (**w**). Elle est produite par les lèvres, lorsqu'elles se rapprochent l'une de l'autre dans leur largeur jusqu'à un tout petit intervalle. Elle ne se trouve jamais à la fin des mots.

*Une consonne tout-à-fait semblable au* **v** *se fait entendre, lorsqu'on prononce la voyelle* **ou** *rapidement avant une autre voyelle, p. ex. ouate. On l'appelle l'***ou articulé**.

---

*) Presque dans toutes les grammaires françaises, par ex. dans celle de Girault-Duvivier, on regarde cette consonne précédé des voyelles **a**, **è**, **o**, **eu** (dans les syllabes *am*, *an*, *ean*, *em*, *en* — *in*, *im*, *ein* — *on*, *eon* — *um*, *un*, *eun*) comme des voyelles, et on les nomme *Voyelles nasales*; ce qui est moins juste, d'après ce que je viens de dire.

2. Cons. orific. **roulante: r, rr, (rh).** Elle est produite par ce que l'air sonnant, pendant que le dos de la langue repose profondément, est poussé si fortement au-dessus de sa pointe, dont le mouvement est libre, que celle-ci commence à trembler et fait entendre une espèce de roulement.

*Quelques personnes, au lieu de former la consonne roulante linguale, dont il est ici question, produisent faussement la consonne roulante palatale, parce que le dos de la langue s'élève vers le palais mou, et que celui-ci par le coup d'air prend un mouvement vibrant. Cette espèce de consonne roulante, (qui se trouve correctement dans la langue arabe), se distingue difficilement à l'oeil.*

C. or. **linguale: l, ll.** Elle se forme par là que le dos de la langue se serre si étroitement à la partie antérieure et supérieure du palais, que l'air expulsé ne peut s'échapper que des deux côtés de la langue, par les angles de la bouche.

§. 63. IV. **Consonnes pures, ou dépourvues de ton.** Elles sont produites par un coup d'air fortement ou doucement poussé, mais tout-à-fait destitué de ton, qui sort de la bouche comme un simple bruit entre les organes antérieures de la parole placés en avant. On peut de même les apercevoir aisément à l'oeil.

1. C. pure **soufflante: f, ff.** Elle naît lorsqu'on place légèremcnt le bord intérieur de la lèvre inférieure sur les dents supérieures de devant, et qu'on pousse l'air à travers en soufflant.

8. C. pure **sifflante** à bouche élargie: poussée fortement, **s, ss, c, ç, (t),** doucement: **z, s.** Elle se forme par là que, les rangées des dents étant closes, *et les lèvres un peu ouvertes,* on pousse l'air en sifflant par dessus la pointe de la langue, entre les tranchants des dents incisives.

3. C. pure **sifflante** à bouche arrondie: poussée fortement: **ch**, doucement **g, j.** Cette consonne est produite parce que, les rangées des dents étant de même closes, *mais les lèvres étant placées un peu en avant, dans une forme arrondie,* on appuie largement le dos de la langue sur le palais antérieur, et qu'on pousse l'air à travers en sifflant.

§. 64. V. **Consonnes haletantes.** Chez elles l'air sans ton est soufflé par un coup d'haleine, fort ou doux, de la bouche tenue ouverte.

1. C. halet. **gutturale**: aspirée **'h**; muette **'h.** Elle ne se trouve qu'au commencement des mots et des syllabes, et a proprement lieu dans tous les mots qui commencent par une voyelle; mais lorsqu'elle est muette, on ne la marque que dans peu de mots. L'oeil ne peut que difficilement, même avec une grande attention, apercevoir la différence entre les mots qui sont aspirés ou muets, c.-à-d. qui ont le souffle doux ou haletant.

2. C. hal. **linguale** (que l'on appelle aussi l'**i** articulé): **y, lly, il, ill, lh, gn** (mouillés). Elle naît lorsque le dos de la langue s'élève tout-à-fait vers la partie dure et antérieure du pa-

lais, et qu'on pousse l'air à travers e n h a l e t a n t avec un son sourd. Cette consonne est apparentée avec **i**, vu que le ton, à cause de la grande élévation de la langue, ne peut être que **i**. Dans la langue française, elle ne se trouve jamais au commencement des mots, mais au milieu et à la fin, principalement dans les sons dits mouillés, comme *payer*, *employer*, *travail*, *sommeil*, *fille*, *Milhaud*, *agneau*, *règne*, *oignon*. Il est difficile de la saisir par la vue.

§. 64[b]. *Ce que j'ai dit §. 55.[b] sur les voyelles, s'applique également aux consonnes. Car, il y a aussi des nuances entre elles qu'on peut à peine fixer par des lettres, vu qu'on devrait avoir pour ces sons des caractères particuliers. P. ex., le* **l** *mouillé, dans f i l l e, s o l e i l, b a i l, le* **n** *m o u i l l é dans g a g n e r, r e g n e r, le* **i** *a r t i c u l é dans D i e u, n o t i o n, le* **ou** *a r t i c u l é dans o u a t e, o u e s t. Le sourd s'accoutumera de même peu à peu à les saisir par le regard.*

NB. *Dans les langues étrangères on trouve encore plusieurs consonnes, qui se distinguent plus que les nuances dont il vient d'être parlé, et que l'écolier apprendra sans difficulté à saisir par la vue, pourvu qu'il connaisse ces langues. Ici il faut ranger p. ex.:*
*le* ch *et* g *des Allemands, Latins et Polonais, et*
*le χ des Grecs, Russes et plusieurs autres nations, qui est une consonne hâletante.*
*le* th *des Anglais (qui approche du* **s***),*
*le* **l** *barré des Polonais,*
*le* **r** *(rain) des Arabes, dont il a été question* §. 62. 2.

*β.* Consonnes jointes avec des voyelles en syllabes et en mots.

§. 65. Aussitôt que le sourd a ppris à saisir par le regard une consonne simple, on la joint avec toutes les voyelles, simples et combinées, et l'on forme ainsi des syllabes et des mots.

§. 66. D'abord, on place la consonne au commencement de la syllabe, p. ex.: *pa*, *po*, *pou*, *pé*, *pè*, *peu*, *pu*, *pi*, *poua*, *poui*, *poè*, *poi*, *pieu*, *pui*; *ba*, *bo*, *bou*; *ta*, *to*, *tou*; *ca*, *co*, *cou*, *etc.*

§. 67. Ensuite on met la consonne à la fin de la syllabe, et l'on en forme d'abord des syllabes, qui commencent par une voyelle, p. ex.: *en*, *un*, *il*, *on*, *un*(*e*), *ell*(*e*), *aim*(*e*); puis d'autres dans lesquelles une consonne se trouve aussi au commencement de la syllabe, p. ex.: *par*, *pour*, *peur*, *rend*, *col*, *pèr*(*e*), *terr*(*e*), *somm*(*es*), *rus*(*e*).

Ici il faut rendre l'écolier attentif à ce *que seulement ces syllabes, dans lesquelles la voyelle qui précède la consonne est brève, et qui ne se terminent pas avec une consonne par pression*, **b**, **p**, **d**, **t**, **g**, **c**. (V. §. 60.) peuvent être prononcées dans un seul moment, ou dans la même mesure (pendant un simple coup de main). P. ex.: *en*, *il*, *pour*, *par*, *soeur*, *sel*, *bon*. Si, par contre, la syllabe *finit avec une consonne par pression*, elle doit absolument être prononcée en deux mesures ou tacts. La voyelle avec le serrement mentionné §. 60, reçoit alors une mesure, et sa décharge reçoit l'autre. P. ex.: *ab*, *ob*, *choc*, *sac*, *suc*, *sec* se prononceront *ab-b*, *ob-b*; *choc-q*, *sac-q*, *suc-q*, *sec-q*.

Les syllabes *à longues voyelles doivent toujours être prononcées en deux mesures*, quelle que soit la consonne suivante. Dans elles la voyelle reçoit une mesure et la consonne l'autre. P. ex. *hors*, *hâte*, *note*, *cher*, *l'or*, *mur*, *dix*, *corps* doivent être prononcées *ho-r(s)*, *hâ-t(e)*, *no-t(e)*, *chè-r*, *l'o-r*, *mu-r*, *di-x*, *co-r(ps)*.

§. 68. Enfin l'on forme avec les syllabes bien exercées des mots dans lesquels les consonnes se trouvent au milieu, et l'on dirige l'attention du sourd sur ce que, en quelques cas, il faut *prolonger*, ou *soutenir* ces dernières. Cette manière de prononcer consiste en ce qu'une syllabe est étroitement jointe à l'autre par la consonne, qui, sans être déchargée, doit être entendue à la fin de la première et au commencement de la seconde syllabe. Le prolongement n'a lieu que *lorsque la première syllabe est brève.* Il est indiqué ordinairement par le redoublement des consonnes, quoique dans la plupart des cas l'usage ait abandonné cette prononciation un peu dure. Une sorte de prolongement se trouve aussi dans les mots dits mouillés. Voici des exemples sur l'un et l'autre cas: *allégorie*, *allusion*, *Emmanuel*, *immense*, *annales*, *inné*, *erreur*, *attique*, *addition*, — *meilleur*, *bouillon*, *cigogne*, *voyelle* se prononceut de la manière suivante: *al-legorie*, *al-lusion*, *Em-manuel*, *im-mense*, *an-nales*, *in-né*, *er-reur*, *at-tique*, *ad-dition*, *mel-ieur*, *boul-ion*, *cigon-ie*, *voi-ielle*.

### bb. Consonnes combinées.

§. 69. Pour enseigner à saisir par la vue les consonnes combinées, il est très-important de prononcer devant l'écolier *dans la mesure ou tact juste* ces consonnes elles-mêmes, ainsi que les syllabes et mots qu'on en a formés.

Savoir, il faut bien les distinguer,

1.) en celles *à un temps ou mesure*, c.-à-d. celles qu'on peut prononcer réellement en un seul moment, et

2.) *en celles à plusieurs temps ou mesures*, c.-à-d., celles que l'on ne peut que plus tard, après avoir acquis plus d'habileté, prononcer rapidement l'une après l'autre, de sorte qu'elles résonnent alors comme si elles étaient prononcées à la fois.

*a.* Consonnes combinées à un temps.

§. 80. Les seules consonnes par pression (§. 60) sont de nature à pouvoir être jointes le plus intimement ou confondues avec d'autres consonnes qui les suivent immédiatement, et qu'il faut les prononcer réunies au même instant ou moment. Dans le français il existe dix semblables combinaisons, dont sept sont purement françaises et trois autres se trouvent dans des mots étrangers qui ont été adoptés. Ce sont les suivantes: 1. **pl**, **bl**, 2. **cl**, **chl**, **gl**, 3. **pr**, **br**, 4. **tr**, **thr**, **dr**, 5. **cr**, **chr**, **gr**, 6. **cs**, **gs**, (**x**), 7. **cv**, (**qu**, **cu** **gu**), 8. **cn**, **gn**, 9. **tch**, (**tsch**), 10. **ps**. On les désigne pour la plupart par la juxta-position des lettres employées pour leurs sons séparés. Une d'elle est marquée quelquefois par un signe d'écriture particulier, savoir **cs** et **gz** par **x**; une autre est désignée par d'autres lettres, savoir **cv** par

**cu**, et **qu**. Voyez plus bas des mots qui contiennent ces combinaisons.

§. 71. On enseigne d'abord au sourd à saisir séparément et sans voyelles ces consonnes confondues, puis on en forme des syllabes et des mots.

Ces syllabes etc., ainsi que celles qui sont formées de simples consonnes par pression (§. 67.), doivent être prononcées, ou en une seule mesure (lorsque la consonne combinée est placée au commencement de la syllabe), ou en deux mesures (lorsqu'elle se trouve à la fin de la syllabe, p. ex. *pla*, *cra*, *sab-bl(e)*, *suc-cr(e)*.

β. Consonnes combinées à deux temps.

§. 72. On enseigne de même au sourd à les saisir par la vue d'abord sans voyelles, après quoi on en forme des syllabes et des mots. Voyez plus bas les diverses combinaisons qui se trouvent en français.

Ici il faut en même temps observer que les syllabes dans lesquelles une consonne par pression suit la voyelle, ou dans lesquelles la voyelle est longue, doivent (d'après §. 67.) recevoir une mesure de plus que dans le cas contraire. P. ex., syllabes à deux mesures sont: *F-leur*, *g-lac(e)*, *Chris-t*, *for-m(e)*, *ac-t(e)*, — de trois mesures: *s-per-m(e)*, *s-ti-l(e)*, *f-lè-ch(e)*, *f-rai-ch(e)*, *f-rai-s(e)*, *f-ran-c*.

§. 73. Si l'on n'observe pas dans la prononciation les diverses mesures de temps qui ont été indiqués, les sons deviennent confus et difficiles à saisir même pour l'oreille, et encore plus pour l'oeil.

---

## IV. Mots pour s'exercer à saisir les paroles par la vue.

*Note.* Les mots suivants ont été arrangés seulement d'après leur prononciation, mais non d'après leur orthographe, et j'ai suivi les règles que Mr. Ch. P. Girault-Duvivier (Grammaire des Grammaires, ou Analyse des meilleurs traités sur la langue française) a données là-dessus.

Le choix des mots cités a été fait avec grand soin, et l'on y a eu égard, autant que d'après la nature de la chose il était possible, aux points suivants: — 1. de donner des exemples de toutes les combinaisons de sons qu'offre la langue française; — 2. de placer les uns près des autres beaucoup de mots semblables à la vue comme à l'ouïe, ou de les mettre en des exercices correspondants; — 3. de recevoir seulement des mots dont la signification est facile à expliquer et à rendre intuitive, — et 4. de procéder graduellement du plus aisé au plus difficile, c'est pourquoi, p. ex. dans les exercices destinés à comprendre par le regard les consonnes simples, je n'ai choisi, autant que possible, que des mots, dont les syllabes sont entièrement composées de consonnes simples, et qu'on peut aisément prononcer et saisir par la vue.

## A. Voyelles.

### 1. *Simples.*

a long: **a, â, ao, aî, ae, ea, e(n), e(m), a(n), a(m),** — il a, aï, âne, âge, âme, arrêt, ail, barre, base, bas, cave, Caen, gaz, douairière, faon, paon, jambe, jambon, Jean, il mangea, temps, tâche, baillon, il baîlle, date, page, lame, image, organe.

a **bref: a, à, ua, a(m), a(n), e(m), e(n).**
aïe, académie, achat, adieu, animaux, atelier, absence, accord, ami, amour, anneau, empire, année, enfant, enchanté, habit, afin, bal, café, mademoiselle, cheval, naval, fabricant, garçon, langue, maman, menton, membre, pendant, femme, récemment, glace, tache, gage, face, base, gaze, dame, datte, détail, bétail, ailleurs, de l'ail, caille, taille, bataille, paille.

o **long: o, ô, au, eau, eo, aô, o(m).**
aune, aurore, auditeur, de l'eau chaude, auteur, hôpital, hôte, hôtel, chaux, peau, côté, rôti, ôter, dôme, clôture, mole, fort, nord, mort, morte, pole, corps, corde, dos, chose, sole, Saône, nom, lot, école, rougeole, George, saut, saule, beau rouleau, ciseaux, sauce.

o **bref: o, au, oi, oie, o(n), o(m), u(m), uo.**
obéir, olive, objet, oblong, homme, office, ombilic, augmenter, on, ombre, — mon, moment, coq, poli, sol, période, parole, mode, note, Rome, oignon, Moïse, (O)pium, Album, rectum, loi, foi, joie.

ou **long: ou, où, oû, oue, aou, aoû.**
ours, où, Août, boue, loup, bouché, bouillon, roue, roux, foule, mouche, mouiller, moût.

ou **bref: ou.**

ou, ouvert, ouïe, oubli, outil, ourse, bout, cou, coude, course, bouche, bouc, boulet, bouquet, bourse, boutique, cousin, courir, couronne, courage, rouler, farouche.

é **long: é, ai, eai, e(r), e(z).**

étrier, écolier, blé, parler, assez, nez, chez, chaussée, répété, vérité, j'ai (é)té, parlai, j'aurai.

é **bref: e, é, ai.**

et, école, ébauche, écrit, écu, Egypte, élève, exécu(ter), é(té), état, éloge, faisant.

è **long: è, ê, e, ei, eî, ey, ai, ay, aî, aie, i(n), ai(n), ai(m), ei(n).**

aigle, ère, air, aise, il est, vous êtes, — pêche, même, tête, bête, forêt, élève, ils altèrent, procès, mes, tes, ses, les, univers, verre, amer, guerre, la mer, treize, seize, reine, reître, peine, Seine, veine, neige, pleine, je fais, hais, haie, délai, jamais, paix, paire, il plaît, plaie, palais, maison, naît, aide, faible, il donnait, ils allaient, monnaie, payer, fin, jardin, vin, main, faim, sain, gain, pain, plein, il feint, atteint.

**è bref: è, ei, ai, e** (suivi de *s, rr, ll, x, tt, nn, mm, ff*).

aigu, aimé, escalier, essai, excuse, exil, existence, lettre, cruel, ciel, fiel, erreur, ennemi, Emma, elle, ellipse, effet, père, mère, diète, tiède, sèxe, il règne, espère, cède, teigne, enseigne, peigne.

**oeu long: oeu, eu, eû, oei, u(n), eu(n), u(m).**

oeil, oeuvre, eux, — deux, yeux, feu, lieu, meûnier, voeu, veuve, jeu, jeune, bleu, il veut, choeur, coeur, sueur, courageux, les cheveux, peur, odeur, Lundi, à jeun, chacun, parfum.

**oeu bref: e; oeu, eu, (un), uei.**

oeuf, Europe, un, — je, me, te, se, le, revenir, renard, refus, revenir, veuf, boeuf, accueil.

**u long: u, û, (ue), eu, (eue).**

j'ai eu, dure, sulfur, mures, (fu)tur, nous fûmes, il reçût, dû, sûr, vue, mue, aigües.

**u bref: u.**

usage, du public, nu, — mur, musique, dur, lunette, suer, sujet, suffire, supporter, puce, muette, mulot, multiplier, nul, nuque, numéro, curieux, duc, sud, surface, surdité, prune, musée, il a vu, su, du, reçu, son but.

i long: **î, y, (îe), î.**

île, six, asyle, écrire, cri, lire, livre, soupir, Hongrie, vie, partie, comédie, i prie, ils prient, nous fîmes, dîner.

i bref: **i, y.**

idée, idiot, il, illuminer, image, imiter, inné, issue, — mardi, jeudi, lumineux, qui, quittance, équité, guide, Guillaume, sourcil, discret, estimer, fissure, misère, chicane, cité, coquille, échantillon, mine, motif, naïf, fragile, lit, mis, fatiguer, oublier, digérer.

2. *Voyelles combinées.*

**oi, oy, eoi, — oua, ouè, ouai, oi(n), oa, oè, ouè, oui(n), ui(n).**

oiseau, oie, joie, loi, roi, poison, voix, poix, doigt, poids, soie, moi, toi, endroit, mémoire, il voit, villageois, citoyen, vous croyez, coin, soin, besoin, — ouate, ouaille, louange, coasser, croasser, coaliser, ouest, ouais, baragouin, — coète, coerce, coëffe, moëlle, poète, poème, juin.

**oui, — uy, ui, — a-i.**

Louis, l'ouïe, cambouis, — lui, étui, puits, puiser, ruine, ruisseau, aiguille, huile, appui, essuyer, — aïe.

**io, io(n), ia, iou, ié, iè, ieu, iai, ie(n), uè.** pioche, religion, viande, diacre, chiourme, pied, chienne, lieu, mieux, pieu, nièce, pièce, siècle, tiède, lumière, pierre, biais, mien, bien, chien, écuelle.

## B. Consonnes.

### 1. *Simples.*

**p, pp — b, bb** — papa, papier, papillon, pavé, pont, port, pou, pouce, poupée, pinceau, pain, pin, pêche, père, paire, pair, paix, pilule, pied, peur, peu, poix, poids, poison, poisson, puits, — Alep, cap, tropenfant, tropentêté — rapport, rappeler, grappe, grippe.

bal, balcon, baron, bas, base, bateau, bonbon, bonnet, bord, bouc, bouchon, boule, but, bureau, bénéfice, bétail, bécasse, bégayer, berceau, bec, bête, baiser, beurre, biche, bien, byssus, buis, boisson, — Job, Jacob — abbé, rabbin, Sabbat.

**t, th, tt — d, dd** — tabac, tache, tâche, tambour, talon, talent, temps, tôt, taux, ton, tonneau, tort, tout, tour, tourte, télégraphe, thé, thême, tel, terre, teint, tympan, tuer, tuteur, Tunis, tige, tissu, tienne, toit, toile, toise, tuile, tuyau, — moitié, entier, mixtion, bastion, bestial, partie, garantie, soutien, nous portions, méthode, thon, Thalie, Mithridate, thériaque, vivat, Zénith, déficit, fat, granit, dot, prétérit, accessit, culotte, tête, bête, subite, butte, absinthe, acanthe, —

lunettes, dette, — atticisme, attique, guttural, pittoresque, lutter, frotter, attache, attaque.
dame, dard, datte, dent, dot, dos, don, docteur, dôme, douleur, doute, douze, dû, ducat, duchesse, début, défaut, daim, daine, deuil, deux, degré, devise, devoir, diadème, dieu, diète, dîner, dix, doigt — Sud, Sund, David, charade, grand homme, profond abime, entend-il, répond-on, il prend interêt à, — addition, reddition, adducteur.

**c, qu, (q, ch, k, ck), g, gu** — cabinet, cacao, cadet, café, cahier, calcul, casse, qualité, quarré, quart, coche, cocon, code, col, colle, collège, colonie, comte, cause, cautèle, cou, coup, cour, couronne, couper, coûter, couteau, cousin, coutume, couvent, couvert, caisse, quète, quai, quinze, quincaille, querelle, quenouille, kermès, coeur, choeur, queue, cul, cure, cuvette, curieux, curé, cure-dent, culture, culotte, cube, quille, quitte, qui, coin, quoi, coiffe — avec, lac, échec, suc, sac, coq, thériaque, long accès, rang honorable, musique, antique, Stockholm, — accepter, accès, accident, accessit, suggérer, acquérir.
gale, galerie, galant, galop, galoche, gant, garçon, gâteau, gauche, gobelet, gomme, second, cicogne, goût, goutte, gouverneur, gain, guêpe, guerre, muguet, gueule, goître, guide, guitare — vague, bague, ligue, figue, nécrologue, augmenter, Magdebourg, collègue.

**m, mm** — maman, marchand, malheur, mail, macule, manteau, menton, mode, mol, monnaie, moment, mont, monsieur, morceau, mauve, mouche, mouchoir, moulin, mouvement, mouton, mère, maître, main, mai, meilleur, mêle, mer, merci, médaille, médecin, mémoire, melon, métier, mesure, meuble, meule, meûnier, moeurs, miel, Michel, mieux, mille, milieu, minéral, minute, miroir, myrte, mue, mû, muet, mur, mûr, musical, Musulman, muscade, moine, moi, moineau, moitié, moyen, moëlle — femme, homme, gomme, somme, Jérusalem, Amsterdam, — Emma, sommet, sommeil, ammoniac, Ammon, immodeste, immense, immédiatement.

**n, nn** — nappe, naïf, nature, navire, non, nom, note, nord, naufrage, noce, nous, nouvelle, nouer, naissance, neige, nymphe, nerf, net, nez, négation, négociant, néant, ne, neveu, neuf, noeud, Nil, nid, niveau, nu, nue, nul, numéro, niais, nièce, noix, noir, noise, noyeau, noël, nuit, nuisible — amen, gramen, examen, abdomen, personne — annales, inné, Linné, annexe.

**n, m** — an, ange, anguille, anse, Antoine, ambassadeur, amphibie, en, envie, environs, enfant, enfer, empire, entier, entonnoir, enveloppe, emmener, chant, sang, rang, lampe, chanson — on, onde, once, onguent, non, son, ton, mont, nom, pont, institution, compote, composer, comte, comté, prompt, ombilic, ombre — ainsi, incendie, Indien, injure, injuste, intérêt, invalide, intendant, fin, faim, sain, daim, pain, cinq, Rhin, rein, sein, étain, moyen, sien, Pharysien, pharynx — un, humble, aucun, chacun, parfum, tribun, à jeun, Verdun — changeant envain le moût en vin.

**v, w, (f, ou)** — vache, vaccin, vent, val, valet, valeur, vase, vapeur, Vendée, vin, vain, vaisseau, veille, ver, verd, verre, vertu, vessie, venin, vérité, veuve, vie, vif, village, ville, visage, vivace, viande, vierge, vieil, vue, vuide, vol, voûte, voie, voix, voyelle, oui, ouate, ouaille, Weimar, Wailly, — vive, fêve, sauve-garde, drave, neuf écus, neuf ans.

**r, rh, rr** — racine, rage, rameau, rate, rat, raison, raisin, rayon, rêne, rêve, rhéteur, recette, regard, repos, regître, retour, Rhône, rocher, robe, rôle, romain, rose, roux, roue, rouge, rouleau, rien, riche, rue, ruse, Russe, rhume, rhythme, roi, royal — arquebusade, artisan, art, arsenic, articuler, jour, ours, or, orphelin, ornement, Orléans, ortie, Erfurt, Ernest, fer, mer, cher, hier, hiver, cancer, enfer, sieur, sauveur, faveur, Irlandais, plaisir, loisir, repentir, mur, voir — erreur, narration, concurrent, torrent, abhorrer, irriter, irrégularité, je mourrais, il courrait.

**l, ll** — labour, lame, lanterne, lard, lapin, latin, lavoir, lot, loterie, laurier, loup, logis, lait, laine, lynx, leçon, léopard, Liège, Lyon, lyre, lumière, lunettes, luire, Louis, loi, loisir — ducal, moral, fanal, journal, balle, thermal, sol, profil, subtil, fil, Nil, puéril, vil, ville, mille, pupille, sybille, seul, essentiel, — allemand, allée, vallée, gallican, collégial, collation, illustre, illégitime, illégal, illumination, illnsion.

**f, ph, ff** — face, façon, farine, favori, phase, pharmacie, faux, fond, fosse, fort, fortuné, folie, fou, four, fourchette, foule, faim, faix, faire, fayence, fer, fête, phénix, phénomène, feu, feuille, figure, fièvre, philosophie, physique, fusil, fureur, fumée, foie, foi, fois, foin, foire — boeuf, veuf, juif, canif, naïf, vif, soif — giraffe, affaire, affiches, griffe, greffier, griffonner, buffet.

**s, ss, sc, x, c, ç, z, (t),** — saluer, salle, sale, satyre, saveur, Versailles, sens, façade, bazar, hazard, lézard, soixante, sot, sol, sole, sort, sceau, saut, sauce, sauf, sauver, Zoographie, Zone, horizon, garçon, maçon, façon, sous, sou, sourd, soupe, souverain, saint, sain, saisir, saison, ceinture, cerveau, cerf, sergent, selle, Bruxelles, sec, serpent, singe, cousin, scène, zèbre, zèle, gazette, dizaine, Cécile, cécité, cédille, cérémonie, zéro, série, scélérat, percer, seul, secours, ciel, cime, cire, cité, ciseaux, facile, sixième, scie, science, initier, balbutier, satiété, inertie, minutie, zigzag, patient, partiel, Vénitien, portion, section, situation, station, notion, azur, reçu, soie — chasse, basse, place, glace, gaz, gaze, topaze, atlas, as, douze, seize, Cortès, Alvarèz, Suèz, Rhodès, Metz, aloès, Aix, espion, jeunesse, lis, vis, lapis, exercice, six ans, iris, maïs, esquisse, Cadix, sinus, anus, calus, foetus, prospectus, puce, Romulus, Vénus, deux hommes, aux amis — assassiner, assaut, assises, assiette, vessie, dessus, dessous, dessein, dessert, essai, rossignol, coussin.

**ch**, (**c**), **g**, **j** — chat, champ, chant, chandelle, chaleur, chapeau, chandelle, château, chose, chaud, chaux, cochon, choc, chocolat, chou, chair, chaîne, chef, vermicelle, chez, chemise, chemin, chenille, cheval, chicane, chien, Chine, chimie, chuchoter, choix, — jamais, jambon, jardin, gens, logeable, il forgea, jaune, George, rougeole, pigeon, joujou, joue, journée, germain, gelée, général, génie, genou, jeu, jeunesse, jument, jupe, jus, gibier, gibet, gigot, joie, — lâche, avantage, ravage, langage, rage, bocage, bandage, courage, coche, mouche, couche, babouche, fraîche, chiche, riche, miche, tige, juge, cruche.

**h** (*aspiré*) — Hambourg, hameau, hâter, hase, harde, haut, hors, honte, hausser, Hollande, hoquet, houille, houblon, hurlement.

2. *Consonnes mouillées.*

**y** (**i** *articulée mouillée*) — crayon, rayon, frayeur, essayer, payer, balayer, royal, voyage, moyen, tuyau.

**gn**, (**n** *mouillé*) — gagner, campagne, cigogne, besogne, règne, teigne, oignon, poignard, soigner, signal, vigne, maligne, digne.

**il**, **ill**, **(ille)**, **ll**, **lh** (**l** *mouillé*) — travail, détail, bétail, portail, bail, paille, volaille, bouillon, fenouil, fille, famille, grillon, chenille, cotillon, avril, Milhaud, tilleul, oreille, soleil, groseille, sommeil, bouteille, orteil, conseil, deuil, cerfeuil, oeil, feuille.

**di** (**d** *mouillé*) — Dieu, odieux, melodieux, studieux, diable.

**si**, **ci ti**, (**s** *mouillé*) — sien, portion, notion, les yeux, spacieux, special.

### 3. *Consonnes combinées.*

#### *a.* à un temps.

**pl**, **bl** — plat, plafond, plan, plaque, plateau, plomb, plaid, plaie, plaine, plaisir, plein, pli, plus, pluie, plume, pleurs — triple, temple, quadruple, disciple.
blâme, bloc, bluet, bluette, oubli, blé, assemblée, blessure, bleu, bibliothèque — sable, table, fable, pliable, affable, capable, diable, comble, double, trouble, faible, meuble, crible, nuisible.

**cl**, **chl**, **gl** — classe, clavicule, clavier, chloris, chlorose, clôture, cloche, clou, clair, clerc, clergé, clef, cloison, cloaque, client, climat, cliquetis — glace, glacis, gland, glu, glaire, gloire — débâcle, spectacle, boucle, oncle, article, cycle, triangle, seigle, règle, bigle, tringle.

**pr**, **br** — Prague, pratique, prochain, procession, promesse, prophète, protêt, propriété, prose, province, prairie, prêche, principal, premier, présent, précepte, précis, prélat, prévôt, prix, prison, prise, prière, prunelle, Prusse — bras, bracelet, branche, broche, brouillard, brouillon, brêche, brébis, brun, bride, brigade, colibri, bruler, bruit — apre, propre, corrompre, chambre, arbre, sombre, tenèbres.

**tr, thr, dr** — trace, tradition, trafic, trajet, trahison, tranchée, travail, trente, trop, tronc, trompette, trou, troupe, traité, train, traîneau, trefle, trève, tribunal, tribut, truie, truffe, truite, trumeau — drap, dragée, dragon, drogue, drôle, Druide, droit — tartre, théâtre, traître, arbitre, connaître, cloître, tendre, cendre, coudre.

**cr, chr, gr** — crachat, crapaud, croche, chronique, croute, craie, crainte, crin, cresson, chrétien, creux, créature, crédit, crime, cristal, critique, christ, cruche, crucifix, croix, — gras, grace, grade, grandeur, graveur, gravelle, gros, grotte, graine, graisse, grenier, grimace, grue, gruau — sucre, maigre.

**cn, gn** (*non mouillé*) — cnesme, cnodalon, gnome, gnomonique, gnostique, gniole, diagnostique, agnat, cognat.

**x** (**cs** ou **gs**) Xavier, Xerxès, Xénophon, exil, exemple, exact, examen, exercice, exorbitant, excommunié, expédient, excuse, extrème, exception, excés, exciter, maxime. axiôme — borax, index, sexe, axe, Saxe, luxe.

**qu, cu, gu, (cv)** — quadrature, quadrupéde, aquatique, liquation, équitation, équestre, questure, quintuple, quinquennal, cuite, biscuit, cuisine, cuisse, cuir, lingual.

**tch** — Tchang, tchir, tschako.

**ps** — Psoas, Psychologie.

*b.* Consonnes combinées à deux temps.

**c-t** — tact, contact, exact, direct, abject, correct, strict, secte.

**cs-t** — texte.

**p-t** — rapt.

**f-l (phl)** — Flamand, flacon, flamme, flambeau, flotte, fléau, phlogose, flêche, soufflet, phlébotomie, flûte, flux — trèfle, pantoufle.

**f-t (phth)** — Phthisie, phthiriasis.

**f-r (phr)** — fragile, framboise, Français, frac, frappant, phrase, safran, front, fronton, fraude, frais, fraise, frére, frein, frêne, Frédéric, phrénique, frégate, frisure, Phrygie, froid, fruit — coffre, balafre.

**s-t** — statue, station, testament, aristocratie, estimer, tetrastyle, stupide, studieux — poste, peste, reste, artiste, copiste.

**s-tr** — strass, austral, strophe, structure, strie, — piastre, séquestre, ministre, rustre.

**s-f (sph)** — sphère, sphacèle, sphincter.

**s-p** — Spa, spasme, spacieux, spare, spontanément, spoliation, spécialité, spergule, spinal, spiral.

**s-pl** — splénique, splendide.

**s-c (squ)** — squammeux; squelette; squille, squine, squirrhe — Basque, fisc.

**s-m** — spasme, strabisme, gallicisme, barbarisme, mysticisme, catéchisme, tenesme.

**s-v (su)** — suave, suavité, je suis, Suisse, suif, suite, Suédois.

**j-v (ju)** — Juif.

**g-m (chm)** — diaphragme, drachme, flegme.

**d-v (du)** — conduite, aujourd'hui.

**t-m (thm)** — rythme.

**l-g** — Belge.

**l-t** — catapulte, culte.

**v-r** — Avril, Havre, couvre, cuivre, suivre, pauvre.

**r-f** — serf, cerf aux forets.

**r-m** — armes, formes, termes, thermes, sperme.

**r-n** — terne.

**r-s (rc, rz)** — Corse, divorce, quatorze, diverse, moeurs, ours.

**r-ch, r-g** — arche, charge, vierge, verge, serge, je cherche.

**r-p, r-b** — carpe, serpe, barbe, superbe.

**r-t, r-d** — quarte, porte, morte, courte, tourte, découverte, barde, garde, criarde, sourde.

**r-c, (rqu, rg)** — arc, barque, marque, Bourg-à-neuf.

**m-b** — jambe.

**n-c, n-gu** — franc étrier, banque, langue, diphthongue, Zinc, cinq, enfants, seringues.

**n-s, n-c, n-z** — assurance, défense, science, dissonance, avance, balance, essence, défiance, onze, bronze.

**n-g, n-ch** — ange, frange, change, tranche.

**n-t, n-d** — tante, serpente, exempte, conte, comte, teinte, distincte, bande, demande, monde.

**n-cs (nx)** — sphinx, lynx.

---

## V. Quelques mots qui peuvent être aisément confondus par la seule vue.

On peut distinguer peu, ou point du tout, selon §. 14.:

### 1) o, ou de eu, u.

chaux, chaud, jeu; — faux, feu; — Pô, peu. mou, moût, bout, mue, mu; — toux, tu; — pouls, pou, pu, pus; — pouce, puce.

### 2) a, o, ou de ha, ho, hou.

a, ha; — ange, hanche; — anse, hanse; — art, hart, hard; — oh, aux, haut; — aubert, haubert; — ode, haute; — or, hors; — ère, hère; — être, hêtre; — ou, houx.

### 3) b, p de m, v.

bal, mal; — balle, malle; — ballade, malade; — habit, ami, — là-bas, l'amas; — rabas, ramas; — barque, parc, marque: — charpente, charmante; — débarquer, démarquer; — tapis, tamis; — bail, paille, maille; — pampre, membre; — raper, ramer; — serpent, serment; — draper, tramer.

pot, mot; — botte, motte; — bord, port, mort; — borde, porte, morte; — portier, mortier; — borné, morné; — porc, morgue; — bon, pont, mon, mont; — pondre, montre; — rabot, rameau; — bonnet, monnaie.

père, mère; — il bêle, pèle, mêle, pêle-mêle, — bêche, pêche, beige, mêche; — bain, pain, main; — gerber, germer.

copie, commis: — bidet, minet.

punir, munir; — pur, mur, mûr.

bout, moût; — bouton, mouton; — boule, moule; — bouche, mouche; — bouchoir, mouchoir.

bois, mois, vois, voie; — boisson, poison, poisson, moisson.

### 4) **d, t, (th)** de **n.**

détail, tenaille; — retard, renard; — dotation, donation; — catarrhe, canard; — tâcher, nager; — tasse, nasse.

tonne, note; — don, ton, non, nom; — tort, nord; — borde, borne; — doter, donner, noter; — sauter, sonner, sonder.

théologie, néologie; — thé, né; — dette, nette; — daim, nain; — traiter, traîner.

vider, vinée; — nitre, titre; — dix, Nice; — matière, manière; — tuer, nuer; — toise, noise; — toi, doigt, noix.

5) **c, g, b, p, d, t, ct** de **nc, mb, nd, nt** &c.
frac, franque; — rape, rampe; — tact, tante; — mode, monde; — coq, conque.

6) **l, r, (rh)** de **cl, gl, cr, gr.**

lac, claque; — lasse, classe; — laude, laudes, claude; — loche, cloche; — lisse, clisse; — loup, clou; — rampe, crampe; — rate, grade; — rayon, crayon; — l'air, l'ère, clair, glaire; — lin, clin; — reins, Rhin, crin, grain; — reine, graine; — raide, crête; — roc, croc, grog; — rocher, crocher; — Rhône, crone; — roi, croix, croit; — route, croûte; — rue, crue, grue.

7) **h** de **g, c, qu.**

halle, calle; — hape, cape; — hard, hart, quart; — hardes, cartes; — harnais, carnet; — harpe, carpe.

haute, côte; — hoc, coq, — hoche, coche; — hocher, cocher; — honte, conte; — hors, cor, corps; — houppe, coupe; — houx, goût.

hure, cure; — hutte, quitte.

haie, quai; — hère, Caire; — heurt, coeur.

8) **g** de **c.**

gant, Caen; — gage, cage; — grog, croc; — grue, crue; — groupe, croup.

# Table des matières.

## I. Introduction.



## II. De l'art de saisir par la vue les mots parlés.



## III. Instruction pour enseigner et pour apprendre l'art de saisir par la vue les mots parlés.

### A. Aperçu succinct.

## B. Instruction systématique.



## IV. Mots pour s'exercer à saisir les paroles par la vue.

## A. Voyelles.



## B. Consonnes.

## Autres ouvrages de l'auteur.

E. Schmalz, Traité de la conservation de l'ouïe, contenant des renseignements sur la conformation et la fonction de l'organe auditif, sur les maladies de l'oreille et de l'audition, sur la préservation de ces maladies, et le régime à suivre, quand on en est atteint, ainsi que sur les principaux instruments propres à faciliter l'ouïe. Avec trois planches gravées. Paris, Londres, Dresde et Leipsic, 1839.

— Ueber die Erhaltung des Gehöres ꝛc. Mit 4 Tafeln. Dresden u. Leipzig, 1837.

— Kurze Geschichte und Statistik der Taubstummen-Anstalten ꝛc. Mit 1 Tabelle. Dresden, 1830.

— Faßliche Anleitung die Taubstummheit in den ersten Lebensjahren zu erkennen und möglichst zu verhüten, so wie auch die taubstummen Kinder in dem älterlichen Hause zweckmäßig zu erziehen. 2. verbesserte Auflage. Dresden u. Leipzig, 1840.

— Ueber die Taubstummen und ihre Bildung, in ärztlicher, statistischer, pädagogischer und geschichtlicher Hinsicht; nebst einer Anleitung zur zweckmäßigen Erziehung der taubstummen Kinder im älterlichen Hause. Mit vielen Tabellen. Dresden u. Leipzig, 1838.

— Ueber das Absehen des Gesprochenen, als Mittel bei Schwerhörigen und Tauben das Gehör möglichst zu ersetzen. Dresden, 1841.

— De Entozoorum systemate nervoso. Lipsiae, 1830.

— XIX tabulae Anatomiam Entozoorum illustrantes. Dresdae et Lipsiae, 1831.

— Commentatio botanica, sistens descriptionem Fistulinae hepaticae Bull, et Agarici volemi Accedunt tabulae II colorat. Lipsiae, 1829.

*Dresde, de l'imprimerie d'Erneste Blochmann.*

www.ingramcontent.com/pod-product-compliance
Ingram Content Group UK Ltd.
Pitfield, Milton Keynes, MK11 3LW, UK
UKHW020323220726
13923UKWH00003B/1333